Open Source Netzwerk Monitoring Tools. Übersicht, Anwendung und Nutzen

Dennis Kraus

Bibliografische Information der Deutschen Nationalbibliothek:

Die Deutsche Nationalbibliothek verzeichnet diese Publikation in der Deutschen Nationalbibliografie; detaillierte bibliografische Daten sind im Internet über http://dnb.d-nb.de abrufbar.

ISBN: 9783346791603
Dieses Buch ist auch als E-Book erhältlich.

© GRIN Publishing GmbH
Nymphenburger Straße 86
80636 München

Druck und Bindung: Books on Demand GmbH, Norderstedt Germany
Gedruckt auf säurefreiem Papier aus verantwortungsvollen Quellen

Das Buch bei GRIN: https://www.grin.com/document/1314757

Hochschule für Technik, Wirtschaft und Kultur Leipzig

Fakultät für Digitale Transformation

Seminararbeit

im Modul Netz- und Systemmanagement

Thema: Open Source Network Monitoring Tools

Kurzfassung

In dieser Arbeit wird das Thema der Open Source Network Monitoring Tools behandelt. Der Nutzen dieser Tools wird in einer immer stärker digitalisierten Welt immer wichtiger, nicht nur für große Unternehmen welche auf den Einsatz besagter Tools, zum Beispiel in Rechenzentren, nicht verzichten können, sondern auch private Anwender interessieren sich immer mehr dafür. Anwendungsgebiete wie Smart Home mit vielen IoT Geräten sind prädestiniert rufen förmlich nach Monitoring Tools um die Performance oder auch den Energieverbrauch überwachen zu können. Viele Network Monitoring Lösungen bieten zudem nicht nur Features wie das Sammeln und anschauliche Darstellen von Daten, sondern auch Event oder Alert Management. Somit kann manuell oder auch automatisch direkt auf verschiedenste Vorkommnisse reagiert werden.

Welche Tools es gibt und wann man diese auf Grundlage von verschiedenen Kriterien einsetzen kann, wird in den folgenden Kapiteln aufgezeigt. Zusätzlich bietet diese Arbeit im hinteren Teil auch einen kleinen praktischen Ausblick in die Anwendung und den Nutzen eines ausgewählten Monitoring Tools.

Inhaltsverzeichnis

Kurzfassung...2

Aufteilung..3

Inhaltsverzeichnis...4

Abbildungsverzeichnis..5

Tabellenverzeichnis...6

1   Einführung in das Open Source Netzwerk Monitoring................................7
1.1   Begriffsdefinitionen..7
1.2   Das Netzwerk Monitoring 8
1.3   State of the Art...8

2   Vorstellung von zwei Open Source Netzwerk Monitoring Lösungen..........11
2.1   Graphite 11
2.2   Prometheus..12
2.3   Genutzte Technologien..13
2.3.1 Time Series Datenbank..13
2.3.2 Hypertext Transfer Protocol 14
2.3.3 Grafana 14
2.4   Anwendungsgebiete und Verbreitung am Markt...14

3   Geeignete Kriterien für das Nutzen einer Netzwerk Monitoring
      Lösungen...16
3.1   Wahl der Gruppierung von Open Source Netzwerk Monitoring.................16
3.2   Geeignete Kriterien zur Wahl einer Netzwerk Monitoring Lösung............17

4   Beispiel: Nutzung einer Open Source Netzwerk Monitoring Lösung 19
4.1   Auswahl der Open Source Software 19
4.2   Installation und Einrichtung der Software..20
4.3   Das Monitoring Dashboard..25

5   Fazit 28

Literaturverzeichnis...29

Abbildungsverzeichnis

Abbildung 1: Graphite vereinfachte Architektur 13

Abbildung 2: Prometheus vereinfachte Architektur 14

Abbildung 3 - Portainer Login 22

Abbildung 4 - Portainer Home 23

Abbildung 5 - Portainer Add Stack 23

Abbildung 6 - Targets von Prometheus 26

Abbildung 7 - Login Grafana 27

Abbildung 8 - Wahl der Datenquelle in Grafana 28

Abbildung 9 - Ausschnitt aus dem Dashboard 29

Tabellenverzeichnis

Tabelle 1 - Open Source Netzwerk Monitoring Tools [9]..8

Tabelle 2 - Überblick der Beliebtheit von Times Series Datenbanken [20]...................14

1 Einführung in das Open Source Netzwerk Monitoring

In diesem Kapitel wird ein erster Einblick in das Open Source Netzwerk Monitoring gegeben, grundlegend liegt der Fokus dieses Kapitels auf dem Schaffen einer einheitlichen Verständnisbasis. Darauf aufbauend wird auf das zu Grunde liegende Prinzip und den aktuellen Stand der Technik eingegangen.

Im 2 Kapitel wird als anknüpfpunkt zu diesem Kapitel auf gängige am Markt angebotene Open Source Lösungen und deren Funktionalität eingegangen.

1.1 Begriffsdefinitionen

Um ein besseres Verständnis für das Open Source Netzwerk Monitoring zu erlangen, werden im Vorfeld die Begriffe definiert, um eine einheitliche Basis zu schaffen. Anhand dieser Basis wird im Kapitel 1.2 tiefgreifend auf die grundlegende Bedeutung des Netzwerk Monitorings eingegangen.

Open Source

Hinter dem Begriff Open Source ist ein freier Quellbezug zu verstehen. Meist wird Open Source mit Software in Verbindung gebracht und steht für die Quelloffenheit dieser. Das heißt, der Quellcode steht zur freien Verfügung und kann von unabhängigen dritten eingesehen und verändert werden. Je nach zugrundeliegender Open Source Lizenz lässt sich der Quellcode auch frei verwenden, was in Bezug auf die Verteilung, Veränderbar- und Verwendbarkeit ohne die Erhebung von Lizenzgebühren möglich ist. [1, pp. 1-5]

Netzwerk

Es gibt viele Definitionen eines Netzwerks, je nach Anwendungsgebiet unterscheiden sich die Definitionsansätze, weswegen hier auf eine allgemeine morphologische Definition eines Netzwerks eingegangen wird.

»Ein Netzwerk ist eine wilde Anordnung aus Kanten (Verbindungszweige) und Knoten (Verbindungspunkte) d. h. die Knoten bilden die dynamischen Beziehungsmaschen. Prinzipiell können Netze hierarchisch oder anarchisch aufgebaut sein. Ein Netz ist nach Definition von Karina Urbach ständig in Bewegung und entwickelt ununterbrochen neue Kanten und Knoten, wodurch unaufhörlich neue Netz-Architekturen entstehen können.« [2, pp. 260-261]

Monitoring

Unter Monitoring ist eine kontinuierliche Überwachung von Prozessen und Vorgehensweisen zu verstehen. Monitoring findet man als solches in verschiedensten Branchen. Im Regelfall dient Monitoring aber hauptsächlich dazu, um Störfaktoren, Ausfälle und ineffiziente Betriebszustände erkenntlich zu machen. Gleichzeitig wird es auch zur Optimierung von Prozessen und Vorgehensweisen, durch Erkenntnisse aus den überwachten Werten eingesetzt. [3, pp. 76-77]

1.2 Das Netzwerk Monitoring

Das Netzwerk Monitoring ist ein Teilbereich des Netzmanagements. Es wird zur Überwachung von Netzkomponenten, Ereignisse, Netzservices und Protokolle genutzt.

Dennoch gibt es auch beim Monitoring eine Unterteilung in passives und aktives Monitoring. Passives Monitoring bedeutet, dass alle Aktionen im Netzwerk erfasst werden (stilles mithören) und z. B. eine Analyse der genutzten Protokolle durchgeführt wird. Im Gegenzug wird beim aktiven Monitoring ein Analysepaket durch das Netzwerk geschickt, wodurch sich wertere Monitoring- Analysen von Funktionen ergeben. [4]

Typischerweise werden Services wie z. B. Webserver, E- Mail- Dienst oder auch Geräte innerhalb meines Netzwerkes überwacht.

Auch beim Netzwerk Monitoring steht wieder die Netzwerkoptimierung, Fehlervermeidung, Fehlerbeseitigung und das Erkennen und Beseitigen von Angriffen im Vordergrund. [4]

Wie feststellbar, besitzt das Netzwerk Monitoring eine primäre Rolle im Netzwerkmanagement, daher wird im Kapitel 1.3 aktuelle Funktionsweisen und Anwendungsgebiete des Netzwerk Monitoring eingegangen.

1.3 State of the Art

Im Bereich des Open Source Netzwerk Monitoring haben sich im zeitlichen Verlauf verschiedene Monitoring- Variationen am Markt etabliert, welche unterschiedliche Eigenschaften und Unterscheidungen aufweisen (siehe Tabelle 1).

Tabelle 1 - Open Source Netzwerk Monitoring Tools [9]

ID	Name	Eigenschaften
1	Nagios	◼ Branchenführer für Überwachungslösungen ◼ Sehr aktive Community für Support ◼ Hohes Leistungsniveau / Geringe Serverresourcen ◼ Unterstützt alle gängigen Protokolle
2	Zabbix	◼ Überwachung auf Unternehmensebene ◼ Große Unternehmenscommunity ◼ Frontend überwachung ◼ Unterstützt Automatisierung durch Skripte
3	Checkmk	◼ Vollständig OpenSource und unbegrenzt ◼ Einfache Konfiguration ◼ Niedriger Betriebsaufwand ◼ Vollständig skalierbar
4	Prometheus	◼ Selbstständige Konfiguration ◼ DIY- Lösung ◼ Nutzung verschiedener Datenbaken ◼ Einbindung vieler API's
5	Cacti	◼ Betrieb auf Linux und Windows ◼ Nur SNMP wird unterstützt ◼ Verwendung eigener Grafiken ◼ Datenerfassung mittels Skript möglich
6	OpenNMS	◼ Nahezu mit jeder IT- Infrastruktur nutzbar ◼ Unterstützend durch andere Grafiktools ◼ Integrierte Berichterstellung ◼ Alert Methoden sind konfigurierbar
7	Icinga	◼ Bekannt für seine gute Skalierbarkeit ◼ Überwachung von Netzwerk- / Hostingdiensten ◼ Berichterstellung mittels Vorlagen ◼ Support mittels Telefon, Anruf und E- Mail
8	Netdata	◼ Echtzeitüberwachung der Zustände ◼ Stärke im erkennen von Anomalien ◼ Unterstützt tausend Metriken pro Knoten ◼ Einbindung von etlichen Diensten möglich

Eine der wichtigsten Ansätze zur Unterscheidung von Monitoring ist die zeitliche Einordnung.

Man unterscheidet zwischen dem Vergangenheitsbezogenen- und dem Real Time Monitoring. Der vergangenheitsbezogene Ansatz beschäftigt sich mit bereits erhobenen Daten, Daten die für die Langzeitbeobachtung herangezogen werden und mit wiederholenden Auffälligkeiten innerhalb meines Netzwerkes. [5, pp. 119-121]

Ein praxisnahes Anwendungsbeispiel für die Nutzung von Langzeit Monitoring mit historischen Daten, ist die Prognoseberechnung mithilfe von künstlicher Intelligenz, also wie sich die Daten zukünftig entwickeln könnten. Aus der Prognoseberechnung können Ableitungen z. B. für die Kapazitätsplanung, Engpässe im Netz und Trends geschlossen werden. [5, pp. 121-122]

Auch Probleme wie die Nutzung neuer Leitungen oder das Einspielen von Softwareupdates sind einen erfahrenen Netzplaner auswertbar, sodass dieser mit der Erkenntnis aus den analysierten Daten aktiv reagieren kann. [5, p. 122]

Beim Real Time Monitoring hingegen werden Daten zum Überwachen des Netzwerkes und der dessen Services direkt in Echtzeit dargestellt. Sollten Abweichungen zu einem im Vorfeld angenommenen Verhalten im Netzwerk oder bei genutzten Services auftreten, so muss der Netzwerkmanager mit minimaler Reaktionszeit eingreifen. Um direkt auf Auffälligkeiten zu reagieren, wird der Netzmanager durch einen Trigger eines Events alarmiert d. h. sollte sich ein Netzwerk untypisch Verhalten, so wird eine Warnmeldung verschickt. [6, pp. 73-86]

In einem optimalen Szenario können Störindikatoren, Cyberattacken und weitere Problemfälle direkt durch ein effizientes Echtzeit Monitoring erkannt werden und es kann im Vorfeld durch eine ausreichend autorisierte Person gegengesteuert werden.

Im heutigen Netzwerkmanagement werden beide Varianten eingesetzt, um sowohl aus Historischen-, als auch aus Echtzeitdaten Rückschlüsse ziehen zu können und operative Handlungsempfehlungen zu generieren.

Gleichzeit wird im Zeitalter der Cloudtechnologien eine Monitoring as a Service Lösung angeboten d. h. die Monitoring Lösung wird fremd gehostet und die Servicetätigkeiten entfallen, sodass die reine Software zum eigenen Netzwerk Monitoring bereitgestellt wird.

Im Folgende Kapitel wird auf zwei häufig genutzte Open Source Lösungen zum Netzwerk Monitoring eingegangen, um einen ersten umfänglichen Überblick zu erhalten.

2 Vorstellung von zwei Open Source Netzwerk Monitoring Lösungen

Im folgenden Abschnitt werden zwei verschiedene Open Source Lösungen für das Netzwerk Monitoring vorgestellt. Das eher einfache Graphite und dass vielseitigere Prometheus. Beide bieten Schnittstellen zu Grafana, einem, auch bei anderen Open Source Lösungen häufig unterstütztem Tool zur Darstellung der gesammelten Daten, weshalb dieses im Anschluss ebenfalls kurz vorgestellt wird.

2.1 Graphite

Graphite ist seit 2006 auf dem Markt und wurde ursprünglich von Chris Davis entwickelt. Heute wird es, wie bei Open Source Software üblich, über ein Git Repository verwaltet und jeder kann sich an der Weiterentwicklung beteiligen [10]. Führend ist dabei allerdings immer noch Chris Davis. Graphite lässt sich auch den Einstiegs Lösungen im Netzwerk Monitoring zuordnen, welche unter Kapitel 3 genauer erklärt werden. Die Entwickler selbst beschreiben die Aufgaben ihrer Software wie folgt:

„1. Store numeric time-series data

2. Render graphs of this data on demand" [10]

Der große Unterschied zu vielen anderen Monitoring Lösungen, ist die Art und Weise wie Graphite an seine Daten kommt. Diese werden nicht aktiv getrackt, sondern müssen von den zu überwachenden Systemen zu einem sogenannten Twisted Daemon (Carbon) gesendet werden. [10] Diese Form des Daten Trackings wird auch als „passiv" beschrieben. Die gesammelten Daten werden in der enthaltenen Datenbank Whisper gespeichert und somit für die grafische Aufbereitung vorgehalten [10]. In der Dokumentation von Graphite wird mit Ceres auch schon der Nachfolger von Whisper vorgestellt, welcher zum jetzigen Datum allerdings nicht aktiv entwickelt wird.

Graphite liefert, wie die meisten Monitoring Lösungen, ebenfalls ein Dashboard mit (graphite webapp). [10] Dieses ist für die grafische Darstellung der Daten zuständig und ist über eine Web- Applikation erreichbar.

Graphite verfügt im originalen Zustand nicht über ein Alarm System. Dies kann allerdings mit einem von vielen Tools, welche mit Graphite kompatibel sind, erweitert werden. Genau diese Erweiterbarkeit mit diversen Tools ist eine besondere Stärke von Graphite. So kann sogar die Datenbank Lösung ersetzt werden, wenn dies der Nutzer für Notwendig hält. Die komplette Graphite Umgebung ist Linux Native und wird für Windows nicht unterstützt, kann allerdings mittels einer Virtualisierungslösung, wie Docker oder VagrantVM genutzt werden. [11]

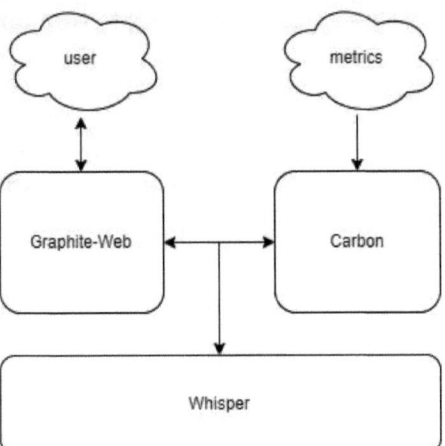

Abbildung 1: Graphite vereinfachte Architektur [19]

2.2 Prometheus

Die Open Source Lösung Prometheus ist gegenüber dem stark auf das Sammeln von Daten ausgelegten Graphite wesentlich komplexer. Das ursprünglich von SoundCloud entwickelte Monitoring Tool wurde 2012 veröffentlich und hat nach eigener Aussage, eine sehr aktive Entwickler und Nutzer Gemeinschaft [12]. Auch wenn ursprünglich noch unter SoundCloud entwickelt und veröffentlich, ist es mittlerweile ein eigenständiges und unabhängiges Open Source Projekt und ist seit 2016 Mitglied in der Cloud Native Computing Foundation [12].

Der größte Unterschied zu Graphite ist die Art wie Prometheus seine Daten erhält. Diese werden anstatt passiv nun aktiv über sogenannte Jobs/ Exporters generiert und in einer eigenen Time-Series Datenbank abgelegt. Im Gegensatz zu Graphite werden diese Multidimensional abgelegt [12].

Prometheus nutzt ähnlich wie Graphite, weitere Tools um zusätzliche Aufgaben, wie die Visualisierung der Daten (z.B. Grafana, Abb. 2) oder auch ein Alarm System (pagerduty, Abb. 2), zu übernehmen. Diese Tools stehen allerdings in einem stärkeren Zusammenhang da sie nicht nur einfach Erweiterungen sind, sondern elementare Aufgaben von Prometheus übernehmen. Zum Beispiel ist pagerduty als Alarm System Bestandteil des Prometheus eigenen Alertmanager, welcher unabhängig von pagerduty konfiguriert werden kann.

Ein Vorteil im Gegensatz zu Graphite ist die native Unterstützung von Windows. Linux wird allerdings ebenso unterstützt.

Durch die Vielzahl der bereitgestellten Basisfunktionen und dem aktiven Sammeln von Daten zählt Prometheus im Gegensatz zu Graphite zur Gruppe der spezifischen Netzwerk Monitoring Tools.

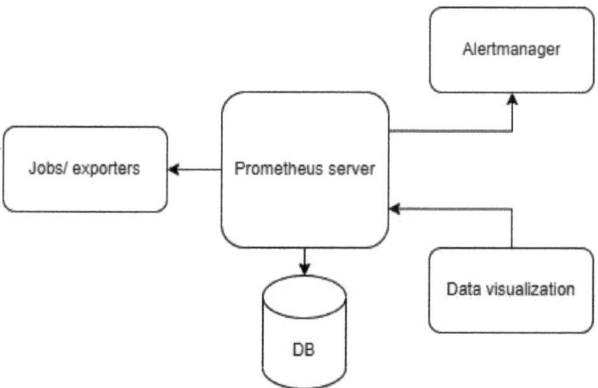

Abbildung 2: Prometheus vereinfachte Architektur [12]

2.3 Genutzte Technologien

Network Monitoring Tools basieren immer auf einem sehr ähnlichen Technologie Paket. Die Daten werden immer in einer Time Series Datenbank gespeichert, wobei es manche Tools gibt, die ihre eigene Lösung mitbringen, wieder andere bauen auf schon existierenden Technologien auf. Auch die Art der Kommunikation zwischen dem Monitoring Tool und den zu beobachtenden Komponenten geschieht fast ausschließlich über HTTP. Die verschiedenen Grundpfeiler werden im Folgenden vorgestellt wobei auch auf die oben vorgestellten Lösungen referenziert werden.

2.3.1 Time Series Datenbank

Die Time Series Datenbanken speichern ihre Daten in speziellen Metriken. Die abzuspeichernden Daten werden automatisch mit einem Zeitstempel versehen, was es einer Time Series Datenbank ermöglich mit diesen Daten effizienter umzugehen. Häufig besteht solch ein Datensatz aus jenem Zeitstempel und einem zusätzlichen Key Value Pair, welches häufig die Quelle des Datensatzes und den zu messenden Wert angibt. Der großen Menge an möglichen Daten begegnet man mit Techniken wie der Aggregation (Zusammenfassung) von Daten und einer Retention Time, welche die maximale Vorhaltung eines Datensatzes angibt. Ein Beispiel für solch eine Datenbank ist InfluxDB, welche auch als Datenbank für Graphite oder Prometheus genutzt werden kann.

2.3.2 Hypertext Transfer Protocol

Beide vorgestellten Tools empfangen und senden ihre Daten über das Web Kommunikationsprotokoll HTTP. Es unterscheiden sich beide Anwendungen nur in der Art und Weise wie sie diese Kommunikation nutzen. Prometheus nutzt RESTful HTTP im Zusammenspiel mit JSON, wohingegen Graphite über HTTP API Sockets kommuniziert [14].

2.3.3 Grafana

Grafana ist ebenso wie die vorgestellten Monitoring Lösung Open Source und wurde von Torkel Ödergaard entwickelt und 2014 veröffentlicht. [15] Viele Monitoring Lösungen, darunter auch die beiden vorgestellten, nutzen aktiv oder bieten zumindest Schnittstellen zu Grafana als Tool zur Darstellung der Daten an. Es unterstützt Metriken, Logging und Tracing in der Darstellung. Zusätzlich zur Darstellung von Daten im Zusammenspiel mit Monitoring Lösungen können auch Daten aus weiteren Datenquellen, wie zum Beispiel InfluxDB, MySQL oder auch PostgreSQL, in unterschiedlichsten Dashboards dargestellt werden [16]. Die Möglichkeiten der Darstellungen und auch der Datenquellen ist zusätzlich noch über Plugins erweiterbar und somit sehr variabel.

2.4 Anwendungsgebiete und Verbreitung am Markt

Prometheus hat seine Stärken in der Multidimensionalen Speicherung der Daten und dem Abrufen dieser mit Hilfe der eigenen Abfrage Sprache PromQL. Organisationen wie IBM, Toyota oder auch Target nutzen Prometheus um statische Maschinen basierte Daten wie auch dynamische Service orientierte Daten zu monitoren [17].

Graphites Stärken hingegen sind in der Verwaltung von numerischen, zeitbasierten Daten. Oracle, GitHub und viele mehr, nutzen es daher besonders in Zeitkritischen Bereichen wie dem E-Kommerz Monitoring oder Anwendungsmetriken [18].

Im Vergleich der beiden nativ genutzten Time Series Datenbank Lösungen liegt Graphite leicht vor Prometheus, werden allerdings wesentlich seltener eingesetzt als die InfluxDB (Abb. 3). Da beide Tools allerdings auch die Möglichkeit haben ihre Datenbank Lösung zu individualisieren, ist ein Einsatz der InfluxDB jeweils möglich.

Tabelle 2 - Überblick der Beliebtheit von Times Series Datenbanken [20]

Rank Dez 2021	Rank Dez 2020	DBMS	DB Model
1.	1.	InfluxDb	Times Series, Multi-model
2.	2.	Kdb+	Times Series, Multi-model
3.	4.	Prometheus	Time Series
4.	7.	Graphite	Time Series
5.	3.	TimescaleDB	Times Series, Multi-model

3 Geeignete Kriterien für das Nutzen einer Netzwerk Monitoring Lösungen

In diesem Kapitel werden einzelne Beweggründe für das Nutzen verschiedener Monitoring Lösungen vorgestellt und unterschieden. Anhand dieser Kriterien soll eine Auswahl zum Finden eines geeigneten Open Source Netzwerk Monitoring Tools vereinfacht werden.

In Kapitel 4 wird ein Anwendungsbeispiel behandelt, wo größtenteils die Auswahlentscheidung auf den hier festgelegten Kriterien beruht.

3.1 Wahl der Gruppierung von Open Source Netzwerk Monitoring

Da der Open Source Bereich im Netzwerk Monitoring viele Vor- und Nachteile mitbringt, wird im kurzen Exkurs auf die jeweiligen Beweggründe für Open Source eingegangen.

Vorteile:

- Open Source Netzwerk Monitoring Anwendungen sind *individuell anpassbar*
- Gängige Lösungen sind *kostengünstig*, da diese meist lizenzfrei sind und nur die Arbeitszeit für eine Anpassung und Konfiguration aufgewendet werden muss
- Der Großteil der Systeme *flexibel* aufgrund der Individualität und kann frei gestaltet werden

Nachteile:

- Generell ist ein *hoher Zeitaufwand* für die Implementation und Konfiguration nötig
- Die meisten Lösungen bieten einen *eingeschränkten Funktionsumfang*
- Für Probleme und Supportbedarf *fehlt* das Tragen der *Verantwortung* durch den Hersteller

[7, pp. 4-5]

Dieser Zusatzinformation hilft bei der folgenden Unterteilung der einzelnen Lösungen in die jeweiligen Gruppierungen.

Bei Projektstart wird ein Projektziel und ein Anforderungsprofil definiert. Anhand dieses Anforderungsprofil kann eine Gruppierung der einzelnen Netzwerk Monitoring Lösungen getroffen werden.

Die Gruppierungen können je nach Vorhaben eine deutliche Erleichterung für den Einstieg zum Nutzen dieser Lösungen beitragen.

Man unterscheidet in der Praxis zwischen Einstiegs Monitoring-, Spezifischen- und All-In- One Lösungen.

Das Einstiegs Monitoring hat den großen Vorteil, dass es gerade für kleine Netzwerke meist eine gute Anwendungspalette bietet und die Hürde zur initialen Nutzung deutlich senken kann. Dennoch wird i. d. R. nur ein Basisfunktionsumfang geboten, welcher meist auf die Kontrolle von Netzwerkverfügbarkeiten und das Nutzen des Simple Netzwerk Monitoring Protocol (SNMP), welches für die Basis- Bandbreitenüberwachung genutzt wird, beschränkt ist.

In der Gruppierung der spezifischen Netzwerk Monitoring Lösungen, wird meist ein Teilbereich in den Fokus getrieben. Jeder Netzwerkmanager bzw. Netzwerkplaner können seinen eigenen Fokus anders setzen oder auch mehrere spezifische Lösungen zeitgleich nutzen. Im Fokus stehen Funktionen wie Bandbreitenmessungen mittels Packet Sniffing d. h. das Netzwerk wird direkt auf Auffälligkeiten geprüft und das Überwachen von Hochleistungsleitungen und Hochleistungsnetzwerken. Meist wird jedoch keine breite Funktionspalette angeboten, wodurch spezifische Lösungen meist in Kombinationen mit breit aufgestellten Basisfunktionssystemen verwendet werden. [7, pp. 5-6]

Ein Trend in der Gruppierung und Systemauswahl, der sich in der Praxis immer tiefgreifender etabliert, ist das Verwenden einer All- In- One Lösung. Systeme, die unter diese Gruppierung fallen bieten eine breite Palette an Netzwerküberwachungsfunktionen an. Gleichzeitig kann auf dedizierte Features in speziellen Teilbereichen zurückgegriffen werden. All- In- One Systeme stellen auch eine diverse Vielfältigkeit an Standardprotokollen wie SNMP, Packet Sniffing etc. zur Verfügung. Ebenso können Überwachungssensoren für Trafficüberwachung aus den jeweiligen Bereichen des Netzwerkes eingebunden werden. Wie jedoch aus der Beschreibung zu erkennen, wird für die Konfiguration und die Individualisierung einer All- In- One Lösung einen deutlichen Aufwand an Ressourcen vorausgesetzt. [8, pp. 366-378]

Sobald sich für eine Gruppierung entschieden wurde, wird anhand der in 3.2 festgelegten Kriterien eine Unterstützung zur Auswahl eines Open Source Netzwerk Monitoring Tools gegeben.

3.2   Geeignete Kriterien zur Wahl einer Netzwerk Monitoring Lösung

Da die Auswahl einer geeigneten Lösung nicht immer eine triviale Fragestellung ist, gibt es Kriterien, womit die wichtigsten Faktoren einer Netzwerk Monitoring Lösung festgestellt werden können.

Kriterien für die Auswahl einer geeigneten Netzwerk Monitoring Software:

- Wie groß ist das bestehende Netzwerk? Gibt es bereits Pläne für Kapazitätserweiterungen?

- Sollen spezifische Bereiche oder alles umfassende Bereich des Netzwerkes gemonitort werden?
- Wurden bereits Tests mit einer Testversion vorgenommen?
- Welche Protokolle zur Brandbreiten- und Verfügbarkeitsüberwachung werden angeboten?
- Werden die erhobenen Daten gesammelt und anhand geeigneter Analyseverfahren ausgewertet?
- Besitzt die zukünftige Software die Möglichkeit eine Alarmierungsfunktion für den Notfall zu konfigurieren?
- Ist die Benutzeroberfläche intuitiv bedienbar und bietet geringe Einstiegshürden?
- Ist die Lösung in der entsprechenden Landessprache verfügbar und besteht eine ausreichend große Open Source Community für Supportbedarf?
- Wie komplex ist der Sourcecode aufgebaut, sodass sich die Software individuell anpassen und ergänzen lässt? [7, pp. 8-10]

Das Ergebnis dieser Checkliste gewissenhaft behandelt wurde, kann aus der Detailanalyse der einzelnen Fragestellungen eine klare Auswahl bezogen auf die primären Kriterien getroffen werden.

Im Kapitel 4 wird ein Anwendungsbeispiel bezogen auf Kapitel 3.1 und 3.2 erfolgen, sodass ein strukturierter Auswahlprozess einer Open Source Netzwerk Monitoring Lösung beschrieben werden kann.

4 Beispiel: Nutzung einer Open Source Netzwerk Monitoring Lösung

Im vorherigen Abschnitt wurden einige Kriterien genannt, die bei der Wahl einer geeigneten Monitoring Lösung helfen sollen. In den folgenden Abschnitten wird zunächst einmal ein mögliches Szenario definiert und im Anschluss anhand der erwähnten Kriterien nach einer passenden Lösung gesucht. Um bei der Wahl nicht zwischen dutzenden auf dem Markt angebotenen Lösungen entscheiden zu müssen, wird die Wahl auf, die unter Punkt 2 vorgestellten Lösungen beschränkt.

Im Anschluss wird ein Überblick über die Installation und die Einrichtung der gewählten Software gegeben und zuletzt das native Monitoring Dashboard mit Beispieldaten vorgestellt.

4.1 Auswahl der Open Source Software

Um die Auswahl für eine passende Monitoring Lösung treffen zu können, helfen einem, wie in Kapitel 3 beschrieben, verschiedene Kriterien. Zuerst braucht es aber eine Analyse des Szenarios, also des Einsatzgebietes der Software. Im Folgenden wird ein Szenario vorgestellt und dann eine der unter Punkt 2 vorgestellten Monitoring Lösungen, anhand der erwähnten Kriterien gewählt.

Szenario: Eine Umgebung, in der das Thema Netzwerküberwachung ganz besonders wichtig ist, ist das Rechenzentrum. Viele Server arbeiten parallel miteinander und um jederzeit zu wissen welcher dieser Server im optimalen Bereich funktioniert und welcher nicht, ist es wichtig deren Messwerte zur Beurteilung der Leistung zu tracken. Diese können wichtig für einen voreingestellten Alarm sein um rechtzeitig kritische Komponenten zu isolieren und im Notfall rechtzeitig austauschen zu können. Die Daten können auch über einen längeren Zeitraum betrachtet werden und per „predictive maintenance" lassen sich so mitunter Störung vermeiden bevor sie auftreten. In den nächsten Punkten soll einmal die Installation und Einrichtung einer passenden Software gezeigt werden. Bei der Betrachtung der unter Punkt 3.2 genannten Kriterien sticht einer besonders hervor: „Besitzt die zukünftige Software die Möglichkeit eine Alarmierungsfunktion für den Notfall zu konfigurieren?" Von den zwei schon vorgestellten Möglichkeiten für Open Source Tools, Graphite und Prometheus, bietet nur Prometheus ohne zusätzlichen Aufwand diese Möglichkeit. Daher ist die Wahl in diesem Beispiel sehr einfach und die folgenden Abschnitte befasssen sich daher mit Prometheus als Beispiel Objekt.

4.2 Installation und Einrichtung der Software

Folgend wird eine Grundlegende Installation der Software Prometheus und deren Einrichtung beschrieben. Zusätzlich wir ein Blick auf die vielen Möglichkeiten der Erweiterbarkeit und Individualisierbarkeit geworfen von Prometheus geworfen (Exporters).

Da Prometheus allerdings nicht das einzige Tools ist welches wir installieren, sondern für eine gute Lösung ebenfalls Grafana benötigt wird, werfen wir auch hier bei der Installation einen Blick drauf. Bei Programme werden in Docker Containern verwaltet, was es sehr einfach macht die Instanzen, sollte einmal etwas schiefgehen, schnell wieder neu zu starten. Daher schauen wir uns auch kurz die Installation von Docker und Portainer, eine grafische Oberfläche zur Verwaltung von Docker Containern, an. Auf eine ausführliche Einführung zum Docker wird im Folgenden allerdings verzichtet.

Da uns für die Installation kein Rechenzentrum zur Verfügung steht, werden wir die Installation auf einen Raspberry Pi 4 in der 8 GB Version mit Linux (Debian Bullseye) durchführen.

Docker: Docker ist eine Werkzeug zur Virtualisierung. Mit ihm können unterschiedliche Programme in einem eigenen sogenannten Docker Container gepackt werden. Dieser Container ist standardisiert und kann somit Problemlos auf anderen Plattformen, welche ebenfalls Docker unterstützen, gestartet werden. Eine Neuinstallation des Programms ist nicht notwendig und somit lässt sich der Aufwand, mitunter unterschiedliche Installation auf verschiedenen Betriebssystemen, stark reduzieren. Die Installation von Docker auf dem Raspberry Pi ist sehr einfach. Die Dokumentation von Docker gibt folgende Möglichkeit vor [21]:

```
curl -fsSL https://get.docker.com -o get-docker.sh
sudo sh get-docker.sh
```

Portainer: Nach der Installation von Docker wird Portainer installiert. Dieses Tool ist bietet auf Basis einer Weboberfläche die Möglichkeit, verschieden Docker Container zu verwalten. Es selber wird ebenfalls in solch einem Container gestartet. Der folgende Befehl ist aus dem Installation Guide von Portainer und ist nur an der Stelle des zweiten Portforwarding angepasst [22]. Im Guide ist der Port 9443 empfohlen, da dieser verschlüsselt ist. Wir nutzen in unserem Beispiel allerdings der Einfachheit halber den Port 9000.

```
docker run -d -p 8000:8000 -p 9000:9000 --name portainer \
  --restart=always \
  -v /var/run/docker.sock:/var/run/docker.sock \
  -v portainer_data:/data \
  portainer/portainer-ce:2.11.0
```

Um Zugriff auf die Weboberfläche zu erhalten bieten sich mehrere Möglichkeiten. Hat man direkten Zugriff auf den Raspberry Pi mit grafische Oberfläche, kann man einfach einen Browser öffnen und den Link *localhost:9000* aufrufen. Dies wäre in unserem Setup zwar möglich, allerdings ist dies nicht immer der Fall weshalb wir den Zugriff von einem anderen PC im gleichen Netzwerk ausführen. Daher geben wir in unserem Fall folgendes in den Browser ein: *192.168.2.121:9000.* Sollte der Docker Container erfolgreich gestartet worden sein, bekommen wir folgende Seite angezeigt:

Abbildung 3 - Portainer Login

Beim ersten Login müssen wir hier für den Nutzer „admin" zuerst ein Passwort festlegen und kommen dann zur eigentlichen Oberfläche.

Es wird nun der Home Screen angezeigt auf welchem schon das Environment *local* vorhanden ist.

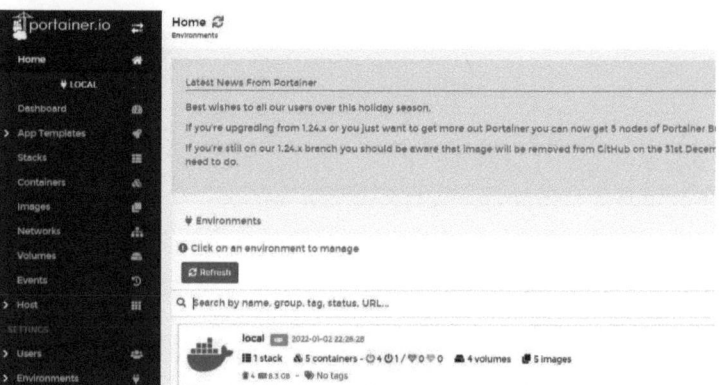

Abbildung 4 - Portainer Home

Nach einem Klick auf diese Umgebung gibt es auf der linken Seite die Möglichkeit einen Stack anzulegen. In diesem wird ein sogenanntes Docker-Compose File hinterlegt, welches in der Lage ist, mehrere Container zeitgleich zu starten. Da wir für unser Setup wie beschrieben neben Prometheus noch Grafana benötigen, müssten wir ansonsten je einen Container immer manuell managen. Sollten noch zusätzliche Exporter (siehe 2.2) hinzu kommen, wäre das wieder jeweils ein weiterer Container. Wir nutzen nur einen zusätzlichen Exporter und können somit mit dem Compose File drei Container gleichzeitig steuern. Über den Button *Add Stack* kommen wir zu folgendem Bildschirm:

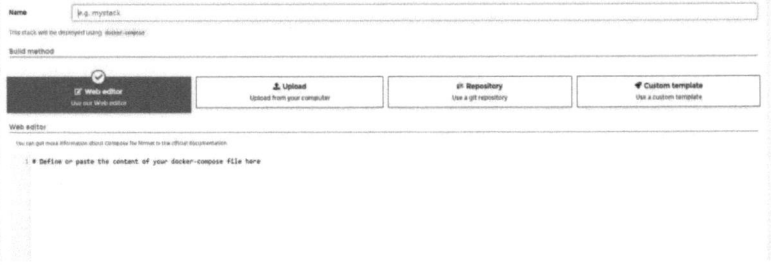

Abbildung 5 - Portainer Add Stack

Hier kann man den eingebauten Editor nutzen um sein Docker-Compose File zu schreiben, oder man kann dieses zum Beispiel als File hochladen. Wir haben uns für die erste Variante entschieden und zeigen im nächsten Schritt den Code und gehen darauf ein wie er aufgebaut ist und was er bedeutet.

Prometheus/ Grafana/ Exporters: Der folgende Code ist wie gerade eben schon beschrieben unser Dokcer-Compose File.

```
version: '3.8'

volumes:
 prometheus-data:
  driver: local
 grafana-data:
  driver: local

services:
 prometheus:
  image: prom/prometheus:latest
  container_name: prometheus
  ports:
   - "9090:9090"
  restart: unless-stopped
  volumes:
   - /etc/prometheus:/config
   - prometheus-data:/prometheus
  command:
   - '--config.file=/config/prometheus.yml'

 grafana:
  image: grafana/grafana:latest
  container_name: grafana
  ports:
   - "3000:3000"
  volumes:
   - grafana-data:/var/lib/grafana
  restart: unless-stopped

 node_exporter:
  image: quay.io/prometheus/node-exporter:latest
  container_name: node_exporter
  command:
   - '--path.rootfs=/host'
  pid: host
  restart: unless-stopped
  volumes:
   - '/:/host:ro,rslave'
```

Das File, genauer gesagt ein *YAML Ain't Markup Language* oder kurz YAML File, besteht zuerst aus zwei Bereichen, welche wiederum mehrfach untergliedert sind. *Volumes* legt je einen Bereich für Prometheus und Grafana fest auf dem zum Beispiel Konfigurationsdateien lokal auf dem Raspberry Pi abgespeichert werden. Dies ist notwendig, da sonst beim Neustart der jeweiligen Docker Container die vorgenommenen Einstellungen wieder auf den Originalzustand zurückgesetzt werden würden. Unter *services* sind dann die einzelnen Docker Container aufgelistet welche beim Start des Stacks ebenfalls gestartet werden sollen. Dies sind wie schon erwähnt Prometheus, Grafana und als Exporter der Node Exporter, welcher offiziell von Prometheus zur Hardwareüberwachung bereitgestellt wird [23]. In der Liste zu den Exporters sind viele weitere Tools aufgeführt, offizielle wie welche von dritt Anbietern.

Da wir direkt auf die von Prometheus und Grafana eigens bereitgestellten Weboberflächen zugreifen wollen, geben wir im Gegensatz zum Node Exporter das Portforwarding an (ports: ...). Zusätzlich verweisen wir bei beiden noch auf die zuvor festgelegten Volumes. Bei allen drei gleich ist die Bereitstellung des *image* und die *restart* Option. Die *image* Option verweist das Installationsimage des Services, welches auf Docker Hub (eine Image Bibliothek) hinterlegt ist. Die *restart* Option legt fest unter welche Umständen ein Container automatisch neu gestartet werden soll. Der Standard wäre *no*, was so viel heißt wie niemals. Da wir aber zu jederzeit unsere Hardware monitoren wollen ist dies keine Praktikable Wahl. Nicht zu vergessen ist die Einstellung *command* bei Prometheus. Hier wird definiert an welcher Stelle die Konfigurationsdatei von Prometheus liegt. Dieses liegt wie unter *volumes* angegeben im Verzeichnis */etc/prometheus* und sie wie folgt aus:

```
global:
 scrape_interval:    15s

scrape_configs:
 - job_name: 'prometheus'
   scrape_interval: 5s
   static_configs:
    - targets: ['localhost:9090']

 - job_name: 'node_exporter'
   static_configs:
    - targets: ['node_exporter:9100']
```

Das der Job *node_exporter* für das Sammeln von Hardware Informationen zuständig ist wurde schon erwähnt, der Job *prometheus* ist dafür da, dass sie Prometheus selbst überwacht. Dieses Script ist kann man ebenfalls auf der Prometheus Homepage nachschalgen [24].

Nun kann der Stack mit einem Klick auf *Deploy the stack* gestartet werden. Die einzelnen Docker Container starten ebenfalls direkt. Nun muss noch getestet werden ob alles korrekt funktionier hat. Dies können wir wieder über den Browser machen, indem wir die Adressen *192.168.2.121:3000* für Grafana und *192.168.2.121:9090* für Prometheus aufrufen. Innerhalb der Prometheus Oberfläche können wir noch unter Status → Targets die verschiedenen Exporter anzeigen lassen (Abb. 6).

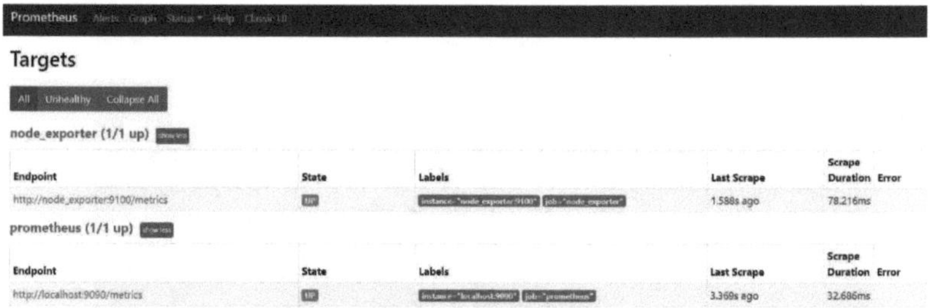

Abbildung 6 - Targets von Prometheus

Um die Oberfläche von Grafana und die Möglichkeiten die es bietet geht es im nächsten Punkt.

4.3   Das Monitoring Dashboard

Im Abschnitt 2.3.3 wurde schon ein erster Eindruck vom Dashboard Tool Grafana vermittelt. Da dieses nicht nur für die in dieser Arbeit behandelten Tools Graphite und Prometheus genutzt wird, sondern in der gesamt Open Source Welt der Network Monitoring Tools, wird es hier, mit Verweis auf die vorherigen Punkte des 4ten Kapitels, noch einmal näher vorgestellt.

Der Docker Container wurde schon gestartet und mit der oben genannten Seite *192.168.2.121:3000* bekommen wir Zugriff auf die Weboberfläche (Abb. 7)

24

Abbildung 7 - Login Grafana

Nach erfolgreichem Login bittet uns Grafana direkt eine Datenquelle einzurichten. Hier sehen wir neben Prometheus auch direkt Graphite, welches ebenfalls schon vorgestellt wurde. Es gibt noch weitere Möglichkeiten, allerdings wählen wir hier Prometheus aus (Abb. 8).

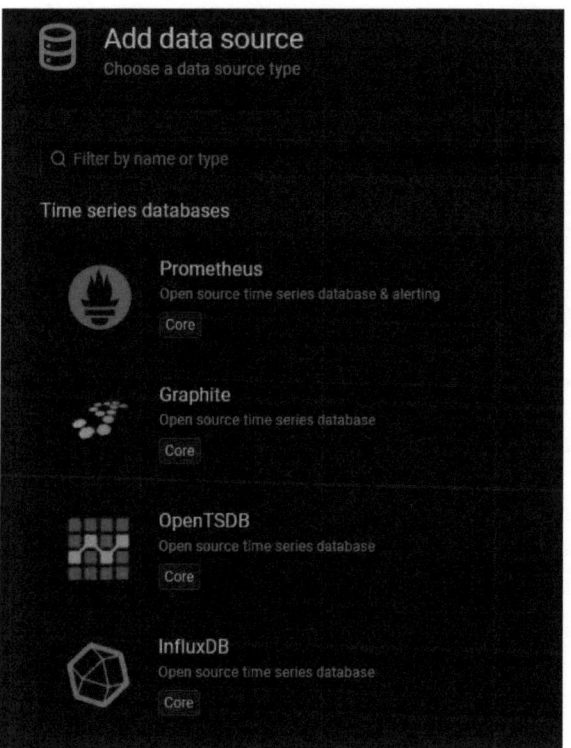

Abbildung 8 - Wahl der Datenquelle in Grafana

Bei den Einstellungen reicht es aus die URL im Bereich http anzugeben. Dies ist allerdings nun nicht die *192.168.2.121:9090* sondern da Grafana genauso wie Prometheus auf dem Raspberry Pi laufen die Addresse *http://localhost:9090*.

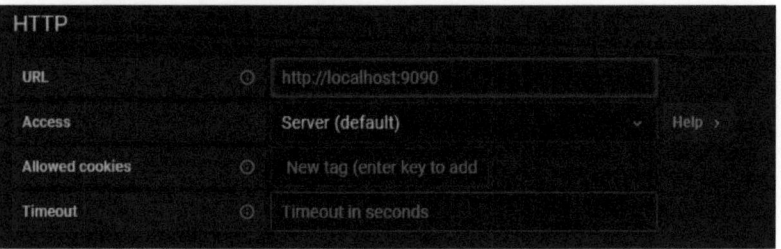

Dies kann nun bestätigt werden und nachdem man wieder auf dem Home Bildschirm ist, kann das erste Dashboard erstellt werden. Mit einem Klick auf *Create your first dashboard* kommen wir zum richtigen Bildschrim. Hier können wir unser eigenes Dashboard erstellen, allerdings bietet Grafana eine Möglichkeit verschiedene Dashboard der Community zu importieren und sich somit wieder viel Arbeit zu ersparen. Das nutzen wir und klicken auf das *Plus* in der linken Leiste und dann auf *Import*. Hier können wir einfach eine ID eingeben, in unserem Fall die 1860 [25]. Wir geben unserem Dashboard einen Namen und legen die Datenquelle fest. Danach sehen wir direkt das Dashboard mit seinen Darstellungen (Abb. 9).

Abbildung 9 - Ausschnitt aus dem Dashboard

Grafana bietet ebenfalls, wie Prometheus, die Möglichkeit eines Alert Management. Dieses betrachten wir aber nicht weiter da es hier nur die generellen Möglichkeiten und die Installation der Tools vorgestellt werden sollten. Allerdings ist diese Möglichkeit nicht zu vernachlässigen, da sie ein wichtiges Kriterium bei der Wahl des Network Management Tools ist und auch das Entscheidene Kriterium für die Wahl von Prometheus.

5 Fazit

Das Netzwerkmanagement ist eine hoch komplexe Aufgabe, wo strategische Entscheidungen durch einen Netzwerkmanager oder Netzwerkplaner getroffen werden müssen. Um jedoch einen vollumfänglichen Systemüberblick über die Aktivitäten innerhalb des zu betrachtenden Netzwerkes zu erhalten, unterstützt das Netzwerk Monitoring als Teilbereich des Netzwerkmanagements.

Netzwerk Monitoring als solchen bietet viele facettenreich Anwendungsmöglichkeiten die das Netzwerkmanagement in Über- und Unterauslastungsprotokollierung, Verfügbarkeitsüberwachung, Bandbreitenüberwachung, Kapazitätsplanung, Netzwerksleistungsmessung und der Verhinderung von Netzwerkausfällen durch Cyberattacken oder Fehler innerhalb des Netzwerkes unterstützten.

Da herkömmliche Monitoring Lösungen aufgrund der Lizenzen einen hohen Kostenfaktor darstellen, werden häufig Open Source Anwendungen verwendet. Mit dieser Art von Anwendung können deutliche Beträge an Lizenzkosten eingespart werden, welche z. B. in den zukünftigen Netzausbau investiert werden können.

Wie in Kapitel 2 ersichtlich, gibt es eine deutliche Auswahl an Open Source Anwendungssystemen. Diese Anwendungssysteme lassen sich wie in Kapitel 3.1 beschrieben in Gruppen eingliedern, wodurch eine Vielzahl an Kombinatorik in der Verwendung von Open Source Tools möglich ist.

Dennoch sollte vor der Auswahl einer Gruppierung eine Abwägung zwischen herkömmlichen lizensierten Anwendungen und Open Source Anwendungen stattfinden. Grund dafür ist, dass Open Source Anwendungen nicht nur Vorteile bringen, sondern auch mit Nachteilen einhergehen.

Fällt nach Abwägung der Fokus dennoch auf eine Open Source Lösung, so kann mithilfe von Selektionskriterien, wie in Kapitel 3.2 ersichtlich, eine dedizierte Auswahl einer auf seine individuellen Bedürfnisse abgestimmte Open Source Netzwerk Monitoring Lösung gewählt und für das eigene Netzwerk implementiert werden.

Je nach Anwendungsfall und eigener Expertise lohnt sich der Blick auf gängige Open Source Software, da diese proprietäre Software durchaus standhalten kann.

Literaturverzeichnis

[1] **Open Source Initative**, *Debian Free Software Guidelines (DFSG)*. [Online]. Available: https://www.debian.org/social_contract#guidelines (Datum des Zugriffs: 01. November 2021).

[2] **K. Urbach**, "Netzwerk," in *Bildung: Ziele und Formen, Traditionen und Systeme, Medien und Akteure*, M. Maaser and G. Walther, Eds., Stuttgart, Weimar: Metzler, 2011, pp. 260–262.

[3] **A. Cury, D. Ribeiro, F. Ubertini, and M. D. Todd, Eds.**, *Structural Health Monitoring Based on Data Science Techniques*, 1st ed. Cham: Springer International Publishing; Imprint Springer, 2022.

[4] **S. Luber and A. Donner**, "Was ist Netzwerk-Monitoring?," *IP-Insider*, 01 Aug., 2018. https://www.ip-insider.de/was-ist-netzwerk-monitoring-a-642648/ (Datum des Zugriffs: 01. November 2021).

[5] **A. Farrel**, *Network Management Know It All*, 1st ed. Erscheinungsort nicht ermittelbar, Boston, MA: Morgan Kaufmann; Safari, 2011. [Online]. Available: https://learning.oreilly.com/library/view/-/9780080923420/?ar

[6] **M. Polycarpou and E. Kyriakides, Eds.**, *Intelligent Monitoring, Control, and Security of Critical Infrastructure Systems*. Berlin, Heidelberg: Springer, 2015. [Online]. Available: http://swbplus.bsz-bw.de/bsz416043585cov.htm

[7] **Paessler AG**, *Kriterien für die Auswahl einer geeigneten Netzwerk-Monitoring-Lösung*. Whitepaper. [Online]. Available: https://www.paessler.com/de/learn/whitepapers/selection-criteria (Datum des Zugriffs: 03. November 2021).

[8] **W. Barth**, *Nagios - System- und Netzwerk-Monitoring*, 2nd ed. München: Open Source Press, 2008

[9] **GEEKFLARE**, *10 Beste Open Source-Überwachungssoftware*. https://geekflare.com/de/best-open-source-monitoring-software/ (Datum des Zugriffs: 23. Dezember 2021)

[10] **Graphite**: *What Graphite is and is not*. https://graphite.readthedocs.io/en/stable/overview.html (Datum des Zugriffs: 22. November 2021).

[11] **Graphite**: *Installing Graphite*. https://graphite.readthedocs.io/en/stable/install.html?highlight=linux#windows-users (Datum des Zugriffs: 22. November 2021).

[12] **Prometheus:** *What is Prometheus?.*
https://prometheus.io/docs/introduction/overview/ (Datum des Zugriffs: 22.
November 2021).

[13] **Prometheus:** *HTTP API.*
https://prometheus.io/docs/prometheus/latest/querying/api/ (Datum des Zugriffs:
22. November 2021).

[14] **Graphite**: *Feeding In Your Data.*
https://graphite.readthedocs.io/en/latest/feeding-carbon.html (Datum des Zugriffs:
22. November 2021).

[15] **Grafana Labs**: *The evolution of Grafana.*
https://grafana.com/oss/grafana/ (Datum des Zugriffs: 22. November 2021).

[16] **Grafana Labs**: *Plugins.*
https://grafana.com/grafana/plugins/ (Datum des Zugriffs: 22. November 2021).

[17] **Datanyze**: *Prometheus.*
https://www.datanyze.com/market-share/it-infrastructure-monitoring--
254/prometheus-market-share (Datum des Zugriffs: 22. November 2021).

[18] **Graphite:** *Who is using Graphite?.*
https://graphite.readthedocs.io/en/latest/who-is-using.html (Datum des Zugriffs: 22.
November 2021).

[19] **Graphite**: *FAQ.*
https://graphite.readthedocs.io/en/stable/faq.html (Datum des Zugriffs: 27.
Dezember 2021).

[20] **DB-Engines**: *DB-Engines Ranking of Time Series DBMS.*
https://db-engines.com/en/ranking/time+series+dbms (Datum des Zugriffs: 27.
Dezember 2021).

[21] **Docker**: *Install Docker Engine on Debian.*
https://docs.docker.com/engine/install/debian/ (Datum des Zugriffs: 27. Dezember
2021).

[22] **Portainer**: *Install Portainer with Docker on Linux.*
https://docs.portainer.io/v/ce-2.11/start/install/server/docker/linux (Datum des
Zugriffs: 27. Dezember 2021).

[23] **Prometheus**: *EXPORTERS AND INTEGRATIONS.*
https://prometheus.io/docs/instrumenting/exporters/ (Datum des Zugriffs: 27.
Dezember 2021).

[24] **Prometheus**: *GETTING STARTED*.
https://prometheus.io/docs/prometheus/latest/getting_started/ (Datum des Zugriffs: 27. Dezember 2021).

[25] **Grafana**: *Node Exporter Full*
https://grafana.com/grafana/dashboards/1860 (Datum des Zugriffs: 27. Dezember 2021).